Configuración de tu Computadora Portátil para Principiantes

Una guía para principiantes sobre cómo configurar tu ordenador portátil para un rendimiento y productividad óptimos.

Por

John George

Dedicación

Dedicado a todos los usuarios novatos de computadoras portátiles que están ansiosos por aprender y abrazar el mundo digital. Que este libro sea su guía mientras se embarcan en su viaje hacia convertirse en expertos en tecnología. Recuerden, con paciencia y perseverancia, pueden conquistar cualquier desafío tecnológico que se les presente. ¡Feliz aprendizaje!

Table of contents

Introducción

En la era digital de hoy en día, las computadoras portátiles se han convertido en una herramienta esencial tanto para uso personal como profesional. Sin embargo, para aquellos que son nuevos en el mundo de la tecnología, configurar una computadora portátil puede ser una tarea desalentadora. Ahí es donde entra en juego este libro. "Configura tu Laptop para Novatos" es una guía completa que te ayudará a navegar a través del proceso de configuración inicial de tu computadora portátil. Ya seas estudiante, profesional trabajando o simplemente alguien que quiere aprender a usar una computadora portátil, este libro es perfecto para ti. Con instrucciones paso a paso y un lenguaje fácil de entender, podrás configurar tu computadora portátil en poco tiempo. Entonces, si estás listo para dar el primer paso hacia convertirte en un experto en tecnología, ¡agarra una copia de este libro y empecemos!

Capítulo 1: Comprendiendo tu Computadora Portátil

Comprender tu computadora portátil es crucial para maximizar su potencial y garantizar que funcione sin problemas. En este capítulo, discutiremos los componentes esenciales de una computadora portátil y cómo navegar por su sistema operativo.

Los Componentes Básicos

Una computadora portátil consta de varios componentes básicos, incluida la pantalla, el teclado, el panel táctil o ratón, los altavoces y los puertos. La pantalla muestra imágenes y videos, mientras que el teclado te permite ingresar texto y comandos. El panel táctil o ratón te permite navegar por la pantalla, mientras que los altavoces proporcionan salida de audio. Los puertos te permiten conectar dispositivos externos como unidades USB, auriculares e impresoras.

Sistema Operativo

El sistema operativo es el software que gestiona el hardware y el software de tu computadora portátil. Windows y macOS son los sistemas operativos más comunes utilizados en computadoras portátiles. El sistema operativo proporciona una interfaz gráfica de usuario que te permite interactuar con tu computadora portátil mediante iconos, menús y ventanas.

Desktop y Menú de Inicio

El escritorio es la pantalla principal que aparece después de iniciar sesión en tu cuenta de usuario. Muestra iconos para archivos, carpetas y aplicaciones. El menú de inicio proporciona acceso a todas las aplicaciones instaladas, configuraciones y archivos. Puedes acceder al menú de inicio haciendo clic en el icono de Windows o el icono de Apple en la esquina superior izquierda de la pantalla.

Explorador de Archivos o Finder

El Explorador de Archivos o Finder es la herramienta de gestión de archivos utilizada en Windows y macOS, respectivamente. Te permite navegar por los archivos y carpetas almacenados en tu computadora portátil. Puedes crear nuevas carpetas, cambiar el nombre de archivos, copiar y pegar archivos y eliminar archivos usando el Explorador de Archivos o Finder.

Menú de Configuración

El menú de configuración te permite personalizar la configuración de tu computadora portátil según tus preferencias. Puedes ajustar la configuración de visualización, la configuración de sonido, la configuración de red, la configuración de privacidad y más. Puedes acceder al menú de configuración haciendo clic en el icono de engranaje en el menú de inicio o buscando "configuración" en la barra de búsqueda.

Administrador de Tareas o Monitor de Actividad

El Administrador de Tareas o Monitor de Actividad es una herramienta que te permite monitorear y gestionar los procesos que se ejecutan en tu computadora portátil. Te muestra el uso de la CPU, la memoria y el disco de cada proceso. Puedes usarlo para cerrar aplicaciones no receptivas o procesos que estén utilizando demasiados recursos.

Finalmente, comprender los componentes básicos y el sistema operativo de tu computadora portátil es esencial para maximizar su potencial y garantizar una experiencia fluida. Asegúrate de familiarizarte con el escritorio, el menú de inicio, el Explorador de Archivos o Finder, el menú de configuración y el Administrador de Tareas o Monitor de Actividad. De esta manera, podrás navegar por tu computadora portátil con facilidad y personalizar su configuración según tus preferencias.

Capítulo 2: Preparando tu Computadora Portátil para la Configuración

Desempaquetando tu Laptop

Cuando recibas tu nueva computadora portátil, es importante desempaquetarla con cuidado. Asegúrate de guardar todos los materiales de embalaje, incluida la caja, en caso de que necesites devolver o enviar la computadora portátil en el futuro. Verifica el contenido de la caja con la lista de embalaje para asegurarte de que todo esté incluido.

Cargando tu Laptop

Antes de configurar tu computadora portátil, es importante cargarla completamente. Conecta el adaptador de corriente a la computadora portátil y enchúfalo a una toma de corriente. Se recomienda cargar tu computadora portátil durante al menos dos horas antes de usarla.

Actualizando Controladores y Software

Es importante actualizar los controladores y el software en tu computadora portátil para asegurarte de que funcione de manera fluida y segura. Busca actualizaciones para tu sistema operativo, controladores y cualquier software preinstalado. Por lo general, puedes encontrar estas actualizaciones en la configuración o panel de control de tu ordenador portátil.

También se recomienda instalar un programa antivirus antes de conectar tu computadora portátil a internet. Esto protegerá tu computadora portátil de malware y otras amenazas de seguridad. Una vez que hayas cargado tu computadora portátil y actualizado el software necesario, estás listo para configurarlo.

Creando una Cuenta de Usuario

Al configurar tu computadora portátil, se te pedirá que crees una cuenta de usuario. Esta cuenta te permitirá acceder a tu computadora portátil y personalizar tus ajustes. Puedes optar por crear una cuenta local o una cuenta de Microsoft. Una cuenta de Microsoft te permitirá **sincronizar tus ajustes y archivos en varios dispositivos.**

Personalizando tus Ajustes

Después de crear tu cuenta de usuario, puedes personalizar tus ajustes según tus preferencias. Esto incluye configurar el fondo de tu escritorio, ajustar la configuración de tu pantalla y configurar tus ajustes de sonido y panel táctil.

También se recomienda instalar un programa antivirus antes de conectar tu computadora portátil a internet. Esto protegerá tu laptop de malware y otras amenazas de seguridad. Una vez que hayas cargado tu computadora portátil y actualizado el software necesario, estás listo para configurarla.

Creación de una Cuenta de Usuario
Al configurar tu computadora portátil, se te pedirá que crees una cuenta de usuario. Esta cuenta te permitirá acceder a tu computadora

portátil y personalizar tus ajustes. Puedes optar por crear una cuenta local o una cuenta de Microsoft. Una cuenta de Microsoft te permitirá sincronizar tus ajustes y archivos en varios dispositivos.

Personalización de tus Ajustes
Después de crear tu cuenta de usuario, puedes personalizar tus ajustes según tus preferencias. Esto incluye configurar el fondo de tu escritorio, ajustar la configuración de tu pantalla y configurar tus ajustes de sonido y panel táctil.

Instalación de Software Necesario
Dependiendo de tus necesidades, es posible que necesites instalar software adicional en tu computadora portátil. Esto podría incluir software de productividad como Microsoft Office o software

creativo como Adobe Photoshop. Asegúrate de descargar el software solo de fuentes confiables y de mantenerlo actualizado.

Respaldando tus Datos

Es importante respaldar regularmente tus datos para prevenir pérdidas en caso de fallos de hardware u otros problemas. Puedes utilizar un disco duro externo o servicios de almacenamiento en la nube para respaldar tus archivos.

Finalmente, preparar adecuadamente tu computadora portátil para la configuración es crucial para una experiencia fluida y segura. Asegúrate de desempaquetar cuidadosamente, cargarla completamente, actualizar controladores y software, crear una cuenta de usuario, personalizar tus ajustes, instalar el software necesario y respaldar tus datos regularmente.

Capítulo 3: Configurando tus Computadoras Portátiles

Configurar tu computadora portátil puede ser una tarea desalentadora, especialmente para principiantes. Aquí tienes algunos métodos para ayudarte a configurar tu computadora portátil:

1. Desempaquetar e Inspeccionar

Desempaqueta tu computadora portátil el espérala en busca de cualquier daño o defecto. Asegúrate de que todos los accesorios estén incluidos en el paquete.

2. Cargar la Batería

Carga completamente la batería antes de usar tu computadora portátil por primera vez. Esto garantizará que tu computadora portátil funcione sin problemas y dure más tiempo.

3. Encender y Seguir las Instrucciones de Configuración.

Enciende tu computadora portátil y sigue las instrucciones de configuración proporcionadas por el sistema operativo. Se te pedirá que ingreses tu idioma, zona horaria e información de la cuenta de usuario.

4. Instalar Actualizaciones y Controladores

Instala cualquier actualización y controlador para tu computadora portátil para asegurarte de que funcione de manera fluida y segura. Puedes verificar las actualizaciones en el menú de configuración.

5. Instalar Software Esencial

Instala software esencial como antivirus, navegador web, reproductor multimedia y suite de oficina. Puedes descargarlos de internet o utilizar el software preinstalado.

6. Personalizar Ajustes

Personaliza los ajustes de tu computadora portátil según tus preferencias. Ajusta la configuración de la pantalla, del sonido, de la red, de la privacidad y más en el menú de configuración.

7. Respaldar tus Datos

Respaldar tus datos regularmente para evitar pérdidas de datos en caso de fallo de hardware o software. Puedes utilizar almacenamiento en la nube o un disco duro externo para hacer copias de seguridad.

Finalmente, configurar tu computadora portátil requiere seguir algunos pasos básicos como inspeccionar, cargar, encender, instalar actualizaciones y software, personalizar ajustes y respaldar datos. Siguiendo estos métodos, puedes configurar tu computadora portátil de manera rápida y eficiente.

- Crear Cuentas de Usuario

Crear cuentas de usuario en tu computadora portátil es esencial para que múltiples usuarios accedan al dispositivo. Aquí están los pasos para crear cuentas de usuario:

1. Ve al menú de configuración en tu computadora portátil.

2. Haz clic en "Cuentas" o "Usuarios".

3. Haz clic en "Agregar Usuario" o "Agregar Cuenta".

4. Elige el tipo de cuenta que deseas crear, como una cuenta local o una cuenta de Microsoft.

5. Ingresa la información requerida, como el nombre de usuario y la contraseña.

6. Personaliza los ajustes de la cuenta, como los ajustes de privacidad y el tipo de cuenta.

7. Haz clic en "Crear Cuenta" o "Agregar Usuario".

Una vez que hayas creado las cuentas de usuario, cada usuario puede iniciar sesión en la computadora portátil utilizando sus credenciales. Es esencial crear cuentas de usuario separadas para cada usuario para garantizar la privacidad y seguridad.

- **Personalización de tu Escritorio**
Personalizar tu escritorio es una excelente manera de hacer que tu computadora portátil se sienta como tuya. Aquí tienes los pasos para personalizar tu escritorio:

1. Haz clic derecho en el escritorio y selecciona "Personalizar" en el menú desplegable.
2. Elige una imagen de fondo haciendo clic en "Fondo". Puedes elegir entre las imágenes preinstaladas o seleccionar la tuya propia haciendo clic en "Examinar".
3. Personaliza los colores de tu escritorio haciendo clic en

"Colores". Puedes elegir un color de acento, cambiar el color de la barra de tareas y más.

4. Cambia el tema de tu escritorio haciendo clic en "Temas". Puedes elegir entre temas preinstalados o crear el tuyo propio seleccionando "Personalizar temas".

5. Agrega widgets y gadgets a tu escritorio haciendo clic derecho en el escritorio y seleccionando "Agregar Gadgets". Puedes elegir entre una variedad de widgets, como un reloj, calendario o aplicación del clima.

6. Organiza los iconos de tu escritorio haciendo clic derecho en el escritorio y seleccionando "Ver". Desde aquí, puedes elegir mostrar u ocultar los iconos del escritorio, cambiar el tamaño de los iconos y más.

7. Personaliza los sonidos de tu escritorio haciendo clic en "Sonidos". Puedes cambiar el esquema de sonido, ajustar el volumen y más.

Una vez que hayas personalizado tu escritorio, reflejará tu estilo y preferencias. La personalización de tu escritorio es una manera divertida y fácil de hacer que tu computadora portátil se sienta más como en casa.

- Conexión a Redes Wi-Fi

Conectar a redes Wi-Fi es un paso esencial para acceder a internet en tu computadora portátil. Aquí tienes los pasos para conectarse a redes Wi-Fi:

1. Haz clic en el icono de Wi-Fi en la barra de tareas ubicada en la

esquina inferior derecha de tu pantalla.

2. Aparecerá una lista de redes Wi-Fi disponibles. Selecciona la red a la que deseas conectarte.

3. Si la red está protegida, se te pedirá que ingreses una contraseña. Ingresa la contraseña y haz clic en "Conectar".

4. Espera a que tu computadora portátil se conecte a la red. Una vez conectado, verás una notificación que dice "Conectado" o "Conectado, sin internet".

5. Si no puedes conectarte a la red Wi-Fi, intenta solucionar el problema haciendo clic en "Solucionar problemas" debajo de la lista de redes Wi-Fi.

Una vez que te hayas conectado correctamente a una red Wi-Fi, podrás acceder a internet y utilizar varios servicios en línea. Es importante asegurarse de estar conectado a una red segura para proteger tu información personal y datos.

Capítulo 4: Instalación de Programas Esenciales

Aquí tienes instrucciones simplificadas para instalar programas esenciales en tu computadora portátil:

1. Determina qué programas necesitas, como navegadores web, suites de oficina, reproductores multimedia, aplicaciones de mensajería, etc.
2. Instala un programa antivirus para proteger tu computadora portátil.
3. Verifica e instala cualquier actualización del sistema operativo.
4. Comienza instalando un navegador web, como Google Chrome o Mozilla Firefox.

5. Instala una suite de oficina para productividad, como Microsoft Office o Google Workspace.
6. Instala un reproductor multimedia para reproducción de audio y video, como VLC Media Player.
7. Instala aplicaciones de mensajería para comunicación, como Slack o Microsoft Teams.
8. Considera instalar software adicional de seguridad como un firewall y un programa anti-malware.
9. Si necesitas software especializado para trabajo o pasatiempos, instálalo según sea necesario.
10. Instala utilidades como herramientas de compresión de archivos (por ejemplo, 7-Zip), software de transferencia de archivos (por ejemplo, FileZilla) y

aplicaciones de almacenamiento en la nube (por ejemplo, Dropbox o Google Drive) si es necesario.

11. Personaliza tu escritorio con temas, fondos de pantalla u opciones de personalización.

12. Recuerda actualizar regularmente todos los programas instalados para obtener las últimas características y parches de seguridad.

Siempre ten cuidado al descargar software de internet para evitar posibles riesgos de seguridad.

- Software Antivirus

El software antivirus es un programa diseñado para detectar, prevenir y eliminar software malicioso (malware) de computadoras y computadoras portátiles. Actúa como un escudo protector contra virus, gusanos, troyanos, ransomware y otros tipos de malware.

La importancia del software antivirus radica en su capacidad para proteger tu sistema y datos de diversas amenazas. Escanea continuamente archivos, descargas y sitios web, identificando y neutralizando posibles riesgos. Al detectar y eliminar malware, el software antivirus ayuda a prevenir el acceso no autorizado, las violaciones de datos y el robo de identidad. También proporciona protección en tiempo real, bloqueando actividades sospechosas y advirtiéndote sobre sitios web o archivos potencialmente dañinos.

Actualizar regularmente el software antivirus asegura que esté equipado con las últimas definiciones de virus, mejorando su efectividad contra las amenazas emergentes. En general, el software antivirus es crucial para mantener la seguridad y la integridad de tu computadora portátil, proteger tu información personal y proporcionar tranquilidad mientras usas internet.

- Suite de Oficina

Una suite de oficina se refiere a una colección de aplicaciones de productividad que se utilizan comúnmente en entornos profesionales y personales para crear, editar y gestionar diversos tipos de documentos. Normalmente incluye programas para procesamiento de texto, hojas de cálculo, presentaciones y a veces herramientas adicionales como clientes de correo electrónico y aplicaciones de toma de notas.

Para obtener una suite de oficina, tienes algunas opciones. Puedes comprar una suite comercial como Microsoft Office, que ofrece un conjunto completo de funciones y compatibilidad con estándares de la industria. Alternativamente, puedes optar por alternativas gratuitas y de código abierto como LibreOffice o Google Workspace (anteriormente G Suite), que ofrecen funcionalidades similares sin costo. Estas suites están disponibles para descargar desde sus respectivos sitios web oficiales, y algunas también pueden estar disponibles a través de tiendas de aplicaciones en tu sistema operativo. Selecciona la que mejor se adapte a tus necesidades y sigue las instrucciones proporcionadas para la instalación.

- Navegadores Web

Los navegadores web son aplicaciones de software que permiten a los usuarios acceder y navegar por internet. Interpretan y muestran páginas web, permitiendo a los usuarios explorar sitios web, acceder a servicios en línea e interactuar con contenido basado en la web.

La importancia de los navegadores web radica en su papel como puertas de entrada al mundo digital. Proporcionan una interfaz amigable para acceder a información, comunicarse, comprar, hacer transacciones bancarias y mucho más. Los navegadores también admiten diversas tecnologías, como HTML, CSS y JavaScript, lo que permite la ejecución de contenido web dinámico y funciones interactivas.

Los navegadores web priorizan la conveniencia y la seguridad del usuario ofreciendo características como marcadores, navegación por pestañas, gestión de contraseñas y configuraciones de privacidad. A menudo reciben actualizaciones periódicas para mejorar el rendimiento, agregar nuevas funcionalidades y abordar vulnerabilidades de seguridad.

Elegir un navegador confiable y mantenerlo actualizado es crucial para una experiencia en línea segura y sin problemas, garantizando la compatibilidad con los estándares web en evolución y protegiendo contra posibles amenazas de seguridad.

Capítulo 5: Optimización del Rendimiento de tu Computadora Portátil

Para optimizar el rendimiento de tu computadora portátil, sigue estos simples pasos:

1. Eliminar archivos innecesarios: Elimina archivos temporales, descargas antiguas y programas no utilizados para liberar espacio de almacenamiento.

2. Actualizar tu sistema operativo: Instala las últimas actualizaciones para asegurarte de que tu computadora portátil esté funcionando en la versión más segura y eficiente.

3. Administrar programas de inicio: Desactiva programas innecesarios para que no se inicien automáticamente al encender tu computadora portátil. Esto acelerará el tiempo de arranque.

4. Ejecutar una limpieza de disco: Utiliza la herramienta de limpieza de disco integrada para eliminar archivos temporales y desorden del sistema.

5. Desinstalar software no utilizado: Elimina programas que ya no utilizas para liberar recursos del sistema.

6. Ajustar la configuración de energía: Optimiza la configuración de energía para equilibrar el rendimiento y la duración de la batería. Utiliza las "Opciones de

energía" en el Panel de control o Configuración del sistema.

7. Desactivar efectos visuales: Minimiza las animaciones y efectos visuales para asignar más recursos a tareas esenciales. Ve a "Propiedades del sistema" y ajusta la configuración visual.

8. Escanear en busca de malware: Ejecuta un escaneo completo con tu software antivirus para detectar y eliminar cualquier malware que pueda afectar el rendimiento de tu computadora portátil.

9. Actualizar hardware si es necesario: Considerar actualizar la RAM de tu ordenador portátil o reemplazar el disco duro con una unidad de estado sólido (SSD) para mejorar el rendimiento.

10. Reiniciar tu computadora portátil regularmente: Reiniciar ayuda a limpiar archivos temporales y actualizar los procesos del sistema.

Siguiendo estos pasos, puedes optimizar el rendimiento de tu ordenador portátil y garantizar un funcionamiento fluido para tus tareas diarias.

- Gestión de Programas de Inicio
Para gestionar los programas de inicio en tu computadora portátil, sigue estos pasos:

1. Abrir el Administrador de tareas: Haz clic derecho en la barra de tareas en la parte inferior de la pantalla y selecciona

"Administrador de tareas" en el menú contextual.

2. Navegar a la pestaña "Inicio": En la ventana del Administrador de tareas, haz clic en la pestaña "Inicio".

3. Revisar la lista: Verás una lista de programas que se inician automáticamente cuando enciendes tu computadora portátil. Echa un vistazo a las columnas de nombres e impacto de inicio.

4. Desactivar programas innecesarios: Identifica programas que no necesitas que se inicien automáticamente y que puedan consumir recursos del sistema. Selecciona el programa y haz clic en el botón "Deshabilitar" en la esquina inferior derecha de la

ventana. Repite este paso para todos los programas innecesarios.

Nota: Ten precaución y evita desactivar programas que sean esenciales para el funcionamiento adecuado de tu computadora portátil o programas que uses con frecuencia.

5. Reinicia tu computadora portátil: Una vez que hayas desactivado los programas de inicio innecesarios, es buena idea reiniciar tu computadora portátil. Esto asegurará que los cambios surtan efecto.

Al gestionar los programas de inicio, puedes reducir el tiempo que tarda tu computadora portátil en arrancar y mejorar su rendimiento general al liberar recursos del sistema. Si alguna vez necesitas volver a habilitar un programa desactivado, simplemente regresa a la pestaña "Inicio" del Administrador de tareas y haz clic en el botón "Habilitar" para ese programa en particular.

- Limpieza de Archivos Basura

Para limpiar archivos basura en tu computadora portátil, sigue estos pasos:

1. Utilidad de Limpieza de Disco: Las computadoras portátiles con Windows vienen con una utilidad integrada de Limpieza de Disco que ayuda a eliminar archivos innecesarios. Para acceder a ella, abre el Explorador de archivos y haz clic derecho en la unidad que deseas limpiar (generalmente la unidad C:). Selecciona

"Propiedades" y luego haz clic en el botón "Limpieza de Disco".

2. Selecciona los archivos a limpiar: La utilidad de Limpieza de Disco escaneará tu unidad y mostrará una lista de archivos que se pueden eliminar de forma segura. Marca las casillas junto a las categorías de archivos que deseas limpiar, como Archivos temporales, Papelera de reciclaje y Miniaturas. Haz clic en "Aceptar" para continuar.

3. Confirma y limpia: Aparecerá una ventana de diálogo solicitando confirmación. Revisa las categorías de archivos seleccionadas y haz clic en "Eliminar archivos" para comenzar el proceso de limpieza. Esto puede llevar algún tiempo dependiendo de la cantidad de

archivos basura en tu computadora portátil.

4. Software de limpieza de terceros: Si prefieres usar software de terceros, hay varias opciones confiables disponibles para descargar. Ejemplos incluyen CCleaner, BleachBit o Wise Disk Cleaner. Visita los sitios web oficiales de estos programas, descárgalos e instálalos, y sigue las instrucciones proporcionadas para limpiar archivos basura.

Nota: Ten precaución al usar software de terceros y descarga desde fuentes confiables para evitar posibles riesgos de malware o seguridad.

Limpiar regularmente archivos basura puede ayudar a liberar espacio de almacenamiento, mejorar el rendimiento del sistema y garantizar un funcionamiento más fluido en tu computadora portátil. Se recomienda realizar esta tarea de limpieza periódicamente para mantener tu sistema funcionando eficientemente.

- **Desfragmentación de tu Disco Duro**
Para desfragmentar tu disco duro en una computadora portátil con Windows, sigue estos pasos:

1. Abrir el Explorador de archivos: Puedes hacer esto presionando la tecla de Windows + E en tu teclado o haciendo clic en el ícono de la carpeta en la barra de tareas.

2. Seleccionar la unidad a desfragmentar: En la ventana del Explorador de archivos, haz clic derecho en la unidad que deseas desfragmentar (típicamente la unidad C:) y selecciona "Propiedades" en el menú contextual.

3. Abrir la herramienta de Desfragmentación de Disco: En la ventana de Propiedades, haz clic en la pestaña "Herramientas". Bajo la sección "Optimizar y desfragmentar unidad", haz clic en el botón "Optimizar". Esto abrirá la herramienta de Desfragmentación de Disco.

4. Analizar la unidad: En la ventana de Desfragmentador de Disco, selecciona la unidad que deseas

desfragmentar y haz clic en el botón "Analizar". La herramienta evaluará el nivel de fragmentación de la unidad.

5. Iniciar el proceso de desfragmentación: Si la herramienta determina que la unidad necesita desfragmentación, haz clic en el botón "Optimizar" para iniciar el proceso. La herramienta reorganizará los archivos fragmentados en la unidad, mejorando el rendimiento general.

Nota: La desfragmentación puede llevar bastante tiempo dependiendo del tamaño de tu unidad y su nivel de fragmentación. Se recomienda realizar esta tarea cuando tengas suficiente tiempo disponible o programarla para que se ejecute durante períodos de baja actividad.

Desfragmentar regularmente tu disco duro puede ayudar a optimizar el acceso a los archivos y mejorar la velocidad y el rendimiento general de tu computadora portátil. Sin embargo, es importante tener en cuenta que las versiones más recientes de Windows, como Windows 10, realizan automáticamente la desfragmentación programada en segundo plano, reduciendo la necesidad de intervención manual.

Capítulo 6: Respaldando tus Datos

Para respaldar tus datos, sigue estos pasos:

1. Determina qué respaldar: Identifica los archivos, carpetas y datos que son importantes para ti y que necesitas respaldar. Esto puede incluir documentos, fotos, videos, música y cualquier otro archivo que desees proteger.

2. Elige un método de respaldo: Hay varios métodos de respaldo que puedes utilizar, como:

- Disco Duro Externo:
Conecta un disco duro externo a tu computadora portátil y copia los archivos seleccionados manualmente o utiliza software de respaldo que automatice el proceso.

-**Almacenamiento en la Nube:**
Regístrate en un servicio de almacenamiento en la nube como Google Drive, Dropbox o OneDrive. Instala la aplicación de escritorio y sincroniza tus archivos con la nube. Asegúrate de tener suficiente espacio de almacenamiento o considera actualizar si es necesario.

- **Almacenamiento en Red (NAS):**
Si tienes varios dispositivos en tu red doméstica, puedes configurar un dispositivo NAS para almacenar y respaldar tus datos.

-**Software de Respaldos:**
Utiliza software de respaldo dedicado que te permita programar respaldos, elegir archivos o carpetas específicos y automatizar el proceso.

3. Crea un horario de respaldos: Decide con qué frecuencia deseas respaldar tus datos. Puede ser diario, semanal o mensual, según la frecuencia de los cambios y la importancia de los datos.

4. Inicia el respaldo: Sigue las instrucciones proporcionadas por el método de respaldo elegido para iniciar el proceso de respaldo. Esto puede implicar copiar archivos manualmente, configurar software de respaldo o configurar la sincronización automática con almacenamiento en la nube.

5. Verifica tus respaldos: Después del respaldo inicial, verifica periódicamente tus archivos de respaldo para asegurarte de que estén completos y accesibles.

Este paso es crucial para garantizar la integridad de tus respaldos.

6. Almacena los respaldos de forma segura: Si estás utilizando un disco duro externo, guárdalo en un lugar seguro separado de tu computadora portátil. Para el almacenamiento en la nube, elige una contraseña sólida y única, activa la autenticación de dos factores y considera cifrar archivos sensibles.

Recuerda, es esencial actualizar regularmente tus respaldos para incluir archivos nuevos o modificados. Respaldar tus datos de manera proactiva es fundamental para protegerte contra la pérdida de datos debido a fallas de hardware, accidentes, malware u otros eventos imprevistos.

- **Elección de un Método de Respaldos**

Al elegir un método de respaldo, considera tus necesidades de respaldo de datos, datos críticos, frecuencia de respaldo, capacidad de almacenamiento, accesibilidad, seguridad, confiabilidad, asequibilidad y opciones disponibles. Las opciones incluyen discos duros externos para respaldos manuales, Almacenamiento Conectado en Red (NAS) para almacenamiento centralizado, almacenamiento en la nube para escalabilidad y accesibilidad, servicios de respaldo en línea para respaldos seguros a través de Internet y soluciones híbridas que combinan múltiples métodos. Prioriza la seguridad de los datos, el cifrado y la redundancia. Prueba los respaldos regularmente y ten múltiples copias en diferentes ubicaciones.

Respaldo de archivos y carpetas importantes

Hacer respaldos de archivos y carpetas importantes es crucial para salvaguardar sus datos y garantizar su disponibilidad en caso de eliminación accidental, falla de hardware, robo u otros eventos imprevistos. Aquí hay una explicación de cómo respaldar sus archivos y carpetas importantes:

1. Identifique archivos importantes: Encuentre los archivos y carpetas que son valiosos o irremplazables para usted.

2. Elija un método de respaldo: Decida cómo desea respaldar sus

datos. Las opciones incluyen discos duros externos, almacenamiento en la nube o servicios de respaldo en línea.

3. Establezca un horario de respaldo: Determine con qué frecuencia desea respaldar sus archivos, como diariamente, semanalmente o mensualmente.

4. Inicie el respaldo: Siga las instrucciones para el método de respaldo elegido para iniciar el proceso de respaldo.

5. Verifique y monitoree: Verifique regularmente que sus respaldos se estén ejecutando correctamente y asegúrese de que los archivos estén completos.

6. Almacene los respaldos de forma segura: Guarde sus archivos de respaldo en un lugar seguro, ya sea en una ubicación física o en un servicio de almacenamiento en línea seguro.

7. Pruebe el proceso de restauración: De vez en cuando, pruebe restaurar sus archivos para asegurarse de que sus respaldos estén funcionando correctamente.

8. Actualice sus respaldos: Agregue nuevos archivos a su respaldo y elimine los innecesarios para mantener sus datos actualizados.

Siguiendo estos simples pasos, puede proteger sus archivos y carpetas importantes y tener la tranquilidad de saber que sus datos están protegidos.

Restauración de sus datos

Existen varios medios para restaurar sus datos, dependiendo de la naturaleza de la pérdida de datos y las soluciones de respaldo que tenga en su lugar. Aquí hay algunos métodos comunes para la restauración de datos:

1. Respaldo local: Si tiene una estrategia de respaldo local en su lugar, puede restaurar sus datos desde respaldos almacenados en discos duros externos, dispositivos de almacenamiento conectados a la red (NAS) u otros medios físicos. Simplemente conecte el almacenamiento de respaldo a su computadora o servidor y copie los datos de vuelta a su ubicación original.

2. Respaldo en la nube: Los servicios de respaldo en la nube proporcionan una solución de almacenamiento fuera del sitio para sus datos. Si anteriormente respaldó sus datos en un servicio en la nube, puede restaurarlo accediendo a la interfaz web del proveedor de respaldo o utilizando su software dedicado. Por lo general, puede seleccionar los archivos o carpetas que desea restaurar e iniciar el proceso de restauración.

3. Sincronización de archivos: Si utiliza servicios de sincronización de archivos como Dropbox, Google Drive o OneDrive, es posible que sus archivos se almacenen tanto localmente como en la nube. En caso de pérdida de datos, estos

servicios suelen tener un historial de versiones incorporado, lo que le permite restaurar versiones anteriores de sus archivos. Acceda a la interfaz web del servicio o al cliente de escritorio, localice el archivo y restaure la versión deseada.

4. Software de recuperación de datos: En situaciones donde se ha producido la eliminación accidental o el formateo, el software de recuperación de datos puede ayudar a recuperar archivos perdidos. Estos programas escanean sus medios de almacenamiento en busca de datos recuperables y proporcionan opciones para restaurarlos. Es importante tener en cuenta que el éxito de la recuperación de datos mediante software puede variar según

factores como la extensión de la sobreescritura de datos y el sistema de archivos utilizado.

5. Reconstrucción de RAID: Si tiene una configuración de matriz redundante de discos independientes (RAID) y uno o más discos fallan, a menudo puede restaurar sus datos utilizando técnicas de reconstrucción de RAID. Esto implica reemplazar el(los) disco(s) fallido(s) y utilizar el controlador RAID o software para reconstruir la matriz, lo que luego restaurará los datos de los discos restantes.

6. Servicios de recuperación de datos: En casos donde la pérdida de datos es grave, como daño físico a los medios de almacenamiento o corrupción de datos compleja,

pueden ser necesarios servicios profesionales de recuperación de datos. Estos servicios especializados cuentan con herramientas y técnicas avanzadas para recuperar datos de discos dañados. A menudo pueden recuperar datos que de otra manera serían inaccesibles mediante métodos de grado de consumo. Sin embargo, los servicios de recuperación de datos pueden ser costosos y deben considerarse como último recurso.

Nota: la prevención es mejor que la restauración. Respaldar regularmente sus datos e implementar estrategias de respaldo robustas ayudará a minimizar el riesgo de pérdida de datos y simplificará el proceso de restauración cuando sea necesario.

Conclusión

Configurar una computadora portátil como principiante puede ser un proceso emocionante. Aquí hay un resumen de los consejos:

1. Actualice y asegure su computadora portátil instalando las últimas actualizaciones de software, antivirus y habilitando el firewall.

2. Cree cuentas de usuario fuertes con accesos separados para cada usuario para garantizar la privacidad y la seguridad.

3. Instale software esencial de fuentes confiables y tenga precaución al descargar desde internet.

4. Implemente una estrategia regular de respaldo utilizando unidades externas o almacenamiento en la nube para proteger sus datos.

5. Habilite las actualizaciones automáticas para el sistema operativo y el software instalado para mantenerse actualizado con los parches de seguridad.

6. Tenga cuidado con los intentos de phishing y practique una buena ciber higiene.

7. Mantenga su computadora portátil organizada, elimine

archivos innecesarios y optimice el rendimiento del sistema.

8. Busque ayuda y orientación en foros en línea o comunidades de soporte cuando sea necesario.

Nota: manténgase curioso, explore nuevo software y continúe aprendiendo sobre ciberseguridad para aprovechar al máximo su computadora portátil.

Apéndice: Solución de Problemas de Problemas Comunes

Glosario de Términos